쉼표의 반란

쉼표의 반란

정권대 첫 시집

프롤로그

첫 시집을 세상에 내놓는 이 순간, 가슴 한편이 벅찬 감격과 설렘으로 물결칩니다. 시 한 편 한 편 써 내려가며 지나온 시간을 돌아볼 때마다, 흔들리면서도 끝내 쓰러지지 않았던 저 자신을 마주합니다. 삶의 거센 바람 속에서도 갈대처럼 꿋꿋이 버텨낸 날들이, 이 시집에 깃들었습니다.

때로는 아득한 길목에서 망설이기도 했고, 때로는 사소한 순간 속에서 크나큰 깨달음을 얻기도 했습니다. 직장생활에서 쌓인 경험과 평범한 일상의 조각들, 그리고 사람과 세상을 바라보며 느낀 감정들이 제 시의 밑거름이 되었습니다.

이 시집이 단순히 저의 이야기만으로 머무르지 않길 바랍니다. 어딘가에서 흔들리며 하루하루를 살아가는 당신께 따뜻한 위로가 되기를, 그리고 갈대처럼 유연하게 흐르면서도 삶의 바람 앞에서 다시 일어설 용기를 선물하길 바랍니다. 때로는 흔들려도 괜찮다고, 삶은 그렇게 한 걸음씩 나아가시기를 바랍니다.

이 시집을 펴내며, 시인대학에 입문할 수 있도록 길을 열어주신 윤종옥 순장님과 언제나 따뜻한 가르침으로 길을 밝혀주신 시인대학 박종규 교수님과 같은 꿈을 품고 걸어온 소중한 동기 여러분께 감사의 인사를 전합니다. 그리고 언제나 한결같이 제 곁을 지켜주고 묵묵히 응원해 준 사랑하는 가족에게도 깊은 감사를 전합니다. 이 시집이 여러분의 마음에 작은 쉼표가 되고, 바쁜 일상에서도 한 줄의 시로 위로받는 순간이 되길 소망합니다.

어느 날 문득, 책장을 펼쳐 이 시들을 읽으며 지나온 삶을 조용히 되돌아볼 수 있다면, 그것만으로도 저는 더할 나위 없는 기쁨을 느낄 것입니다. 소중한 시간을 내어 이 시집을 펼쳐 주신 모든 분께 진심을 담아 감사의 마음을 전합니다.

2025년 1월 설날에
시인 정 권 대

차 례

머리글/ 4

제1부 들을 수 없는 소리/ 13

멸치의 노래/ 15
무지개/ 16
가을의 잎새 하나/ 18
하늘 화가/ 20
비 내리는 마장호수에서/ 22
차 없는 거리의 가로등/ 24
가을 아침에/ 26
물방울/ 27
들을 수 없는 소리/ 28
매미의 세레나데/ 29
매미 소리/ 30
호두 껍데기의 진심/ 32

제2부 홍시 같은 외할머니/ 33

추억 속의 친구/ 35
어머니(1)/ 36
어머니(2)/ 38
그리운 친구/ 39
밤바다 친구/ 40
보고 싶은 친구/ 41
학창 시절의 태양/ 42
홍시 같은 외할머니/ 44
삶으로 보여주신 전도사님/ 46
내 아내/ 48
가족사진/ 50
미국에 있는 자녀를 만나고/ 52

제3부 삶을 이끈 당신/ 53

아버지의 손길/ 55
삶을 이끈 당신/ 56
시작 또다시 시작/ 58
자화상/ 60
종점의 기억/ 62
종착역에 가까워지며/ 64
묘비명/ 65
도서관 게시판/ 66
내 마음/ 68
쉼표의 반란/ 70
사행시_시인대학/ 72
옛날 과자/ 73

제4부 멈춤의 재발견/ 75

말하지 않아도 말한다/ 77
멈춤의 재발견/ 78
그것은 지금도 말한다/ 80
사람이 말한다/ 82
내비게이션/ 84
구름의 속삭임/ 86
놓아주는 사랑/ 88
하나 되어 가는 길/ 90
내가 아닌 주님께로/ 92
부르심에 서다/ 94
하늘에 새긴 기둥/ 96
바다의 품/ 97

제5부 사과 한입/ 99

지하철/ 101
셋방살이/ 102
아가 똥 골인/ 103
뻥튀기 빅뱅/ 104
배추의 여행/ 106
무의식/ 108
사과 한입/ 109
럭비공/ 110
김장/ 111
루스티아 바다와 마주하다/ 112
세찬 바람/ 114
첫눈/ 115

제6부 영원으로의 초대/ 117

흘러가는 인생/ 119
갈대/ 120
하늘 얼굴/ 122
시인의 마음/ 123
나의 벗 구름/ 124
정이 스며들다/ 126
두 발자국/ 128
눈 내린 편백 나무숲에서/ 129
길거리 간판/ 130
예수 안에서 빛나는 삶/ 131
영원으로의 초대/ 132

에필로그/ 134

제1부 들을 수 없는 소리

멸치의 노래
무지개
가을의 잎새 하나
하늘 화가
비 내리는 마장호수에서
차 없는 거리의 가로등
가을 아침에
물방울
들을 수 없는 소리
매미의 세레나데
매미 소리
호두 껍데기의 진심

멸치의 노래

작고 여린 몸짓으로
바닷속을 무리 지어 헤엄치는 멸치들
너의 모습은
사람들도 서로 어울려 살라고
말해 주는 듯하다

너는 너의 모든 것을 내어주며
풍미 깊은 젓갈로
속을 따뜻하게 하는 찌개로
또는 쫄깃한 속살로
사람들의 삶에 스며든다

우리도 너처럼
서로 안에 머물며
기쁨을 나누는 삶을 살았으면 좋겠다

무지개

수무지개야
오늘은 쌍무지개가 떴다

너만 등장하면
모두가 함박웃음 나오지

코흘리개도
꼬부랑 어르신도
동화 속의 주인공처럼
무지개를 따라
하늘로 올라가네

흑백 대신 일곱 색깔로
어울려 살라는 속삭임이지

오늘도 무지개 따라
신나게 떠나자

가을의 잎새 하나

언제나 그 자리에 있었지
봄 여름 가을에도
바람 부나, 눈 내릴 때도
모든 계절을 품고 있었지

네 모습 화려하지 않아도
네 안에 모든 색이 다 있네
흰색 초록색 고동색 노란색…

그러고 보면
네 앞에 수많은 사람과 생명이
스치듯 지나갔지

어르신도 아이도 새도 곤충들도
너는 누구든 반갑게 맞아주었지

아무도 널
주목하여 보지 않아도
너는 때가 되면
너만의 색깔로 변하고 썩어짐으로
새롭게 탄생하리라 믿어
고맙다 수고했다

하늘 화가

오늘 아침에는
무슨 색깔 입히나

두둥실 떠다니는
뭉게구름 보낼까

바다 위 섬처럼
떠다니는 솜사탕 나타낼까
아니면 푸르고 푸른색으로 도배할까나

먹구름 몰려와 온
세상 어두컴컴하게 만들까

그렇게만
할 수 없어
오색 무지개 깜짝 손님으로
나타내도 좋겠지

저녁이면 반짝반짝
별님들로 온 하늘 장식하고
달님도 출연시켜 분위기
분위기 한번 잡아 보면 어떨까

비 내리는 마장호수에서

출렁다리 아래
새로운 세상이 펼쳐지네

바람이 소리치는 데로
물결이 자유롭게 춤추네

다리 위에
빨간 우산 노랑 우산
초록 우산 지나가네

다리 밑에 잔잔한 물결들이
이리저리로 자기 집으로 들어가네

함께 두 손을 붙잡듯이 서로를 바라보며
다른 물결의 친구들을 불러오듯이
큰 원을 그리며 모으네

저 멀리
잔잔한 바람의 물결이
모두를 평온하게 감싸며 덮어주네

바람의 물결이 흘러 흘러
물고기와 새와 나무들 모두에게
생명을 주고 쉼을 주고
덤으로 행복도 주네

차 없는 거리의 가로등

차가 없는 거리지만
가로등은 언제나
자리를 지킨다

햇빛 아래에서는
조용히 자리를 지키고
어둠이 내려오면
자신의 존재를 빛으로 알린다

길을 밝히고
사람들의 발걸음을
맞이하는 가로등

새벽이 오면
빛을 감추고
다시 조용히 선다

차 없는 거리의 가로등은
오늘도 어김없이 자기 집을 지킨다

가을 아침에

아무도 깨어나지 않은 아침에
무장애 숲길의 한복판으로 들어간다

조금씩 조금씩 생명체들이 점점 북적이겠지만
내 마음만은 고요히 고요히 유지하고 싶어
자연의 숲속으로 빨려 들어간다

한 번도 가보지 않은 새로운 아침
무슨 색깔로 채울까 지울까 알 수 없지만
감사한 마음으로 충만해지도록
자연처럼 자연스럽게 흘러가도록
내 마음을 움직이고 싶다

물방울

불왕산 나뭇가지에 물방울이 걸렸다
그 안에는
작은 우주가 펼쳐져 있다

물방울 테두리에
든든한 막을 이루고
굵은 가지와 어린 잔가지들이
서로서로 조화를 이루어
평화롭게 살고 있다

밖에는 모진 바람 불고
안개로 시야가 보이지 않아도
물방울 안에 있으면 행복하다

들을 수 없는 소리

온 인류의 힘보다 더 세게
태양이 출근하는 소리

온 하늘 먹구름
어느새 점 하나 없이
사라지는 소리

엄마 뱃속에서
꿈틀꿈틀 자라는 소리
아무리 들을 수 없다고 해도
소리는 힘이 있고
살아있다는 증거, 아니겠는가

매미의 세레나데

여름철 내내
목청이 떠나가도록
온 힘 다해 웅변하고 있는 너

무엇을 이루고자 하니
무엇을 그리 바라는 것이니

너도나도
사랑의 세레나데를
그토록 바라는 마음은 똑같구나

매미 소리

긴급출동 사이렌으로
너의 존재를 알리려
온 몸을 던졌겠지

끝나지 않을 것 같은
너의 절절한 외침도
찬 기운이 돌면
자취를 감추고 사라진다

그땐 몰랐는데
네가 떠난 후엔
또다시 그리워지는 것은…

붙잡을 수 없는
세월에 대한 안타까움 아닐까

호두 껍데기의 진심

둥글고 단단한 너
지구처럼 거칠지만 견고한 너

아무리 힘을 주어도
꼼짝도 하지 않는 너를 보며
진짜 너를 알고 싶어졌다

모험하듯 너에게 다가갔고
결국 너는 가장 소중한 것을
내게 보여주었다

네 안에 감춰진
고소한 진심은
오래도록 잊히지 않을 것이다

제2부 홍시 같은 외할머니

추억 속의 친구
어머니(1)
어머니(2)
그리운 친구
밤바다 친구
보고 싶은 친구
학창 시절의 태양
홍시 같은 외할머니
삶으로 보여주신 전도사님
내 아내
가족사진
미국에 있는 자녀를 만나고

추억 속의 친구

추억이 들불처럼
내 마음속에서 피어난다

만나지 못해도
갑작스레 들려오는
목소리만으로도 좋다

서로의 안부를 묻고
위로의 말을 주고받으며
그 순간만큼은
마음이 뜨거워진다

어머니(1)

산꼭대기 터를 일구어
텃밭에 배추 무 상추
심어 가족의 먹거리를 마련하셨던 분

시장에서 생선 장수 옷 장수
뭐든 마다하지 않고
억척스럽게 살아내셨던 어머니

추운 겨울 집에서는 물을 받아
네 남매를 일일이
때 수건으로 정성껏 씻기시고

마른 수건도 다시 짜며
한 방울도 허투루 쓰지 않으셨던
절약의 삶을 사셨던 분

가족을 위해
그토록 애쓰고
그렇게까지 하지 않으셔도 되셨을 텐데
그 모든 헌신이
어머니의 사랑이었다

어머니(2)

뇌출혈 소식 듣고
형제들 다 모였네

오늘 밤 떠나실지 몰라
긴긴밤 조마조마

말조차
할 수 없게 된 모습 보고
울고 또 울었네

말할 수 있을 때
충분히 내 마음
전하지 못해서 미안합니다

어머니 정말 사랑합니다

그리운 친구

구슬치기 다방구 술래잡기
어린 날의 웃음과
겹겹이 쌓인 우정이여

어쩌다 말투만 들어도
정겨움이 가득 묻어난다

아, 그립다 친구여
그날의 너와 내가
여전히 마음속에서 함께한다

밤바다 친구

밤바다처럼 고요한 너
내 마음을 너에게 주니
네 마음도 나에게 전해진다

너의 행복이 나의 행복이고
네가 어디로 가던
함께 가고 싶다

보고 싶은 친구

그리워도 만나지 못하네
소식조차 알 수 없네

세월이 갈수록
보고 싶은 마음은 커져만 가네

한 번만이라도
다시 만나
마음을 나눌 수 있다면 좋으련만

학창 시절의 태양

추운 교실 난로 위에
도시락 탑을 쌓고
구수한 냄새가 춤추던 날들

경주 불국사
수학여행 마지막 밤
덜 익은 얼굴들 속에서
불타던 태양의 순간들

지금 회갑 역에 도착한 친구들
그 얼굴과 가슴에는
어떤 소리가 스며 있을까

지금도 각자의 가슴 속
이글거리는 태양의 열정은
여전히
살아 숨 쉬고 있을까

홍시 같은 외할머니

홍시를 무척 좋아하셨던 외할머니
부드럽고 달콤한 홍시의 맛은
바로 외할머니의 따뜻한 모습이었다

산꼭대기 우리 집에 오실 때
머리에 똬리도 없이 이고
양손 가득 선물을 들고
바리바리 짐을 꾸려
오르막길을 올라오셨다

자신을 다 내어주며
가족에게 헌신하던 모습
홍시처럼 모든 것을 주셨던 외할머니

이제는
만날 수 없지만
홍시를 볼 때마다
외할머니의 그리움이 마구 몰려온다

삶으로 보여주신 전도사님

열일곱 살 교회 전도사님은
수유리 월세 단칸방에서
연탄 아궁이 하나로 살아가셨다

매주 화요일 저녁
철없던 우리들은 그곳에 모였고
연탄불 위에서 손수 지은
쌀밥과 김치찌개, 마른반찬 후식까지
풍성한 사랑을 나누어 주셨다

성경 공부 마지막 날
마당의 석유 풍로 위에
들통을 올려 만든
고깃국물과 음식을 차리며

"너희도 가서 제자 삼으라" 하셨던 말씀

시간이 지날수록
그 말씀이 큰 울림으로 다가온다

내 아내

같은 공간
같은 밥상
같은 생각
때론 다른 생각의 파열음
같이 걸어왔던 자국들

미지의 곳을 향해
서로 믿고
넘어져도 또다시
세월의 시간을 함께 탑승한 사람

가족의 먹을 것
가족의 입을 것
다 챙기고
또 내일을 챙기려고 하는 사람

함께 했던 추억 여행보다
자녀의 성장, 시댁 뒷바라지
가정 경제에 보탬 되고자
동분서주 뛰어다녔지

마음 놓고
자기 몸
돌볼 시간이 없었다

푸르고 푸른 하늘처럼
젊은 날의 낭만과 여유가 있는 것처럼
소소한 행복을 많이 누리시길…

가족사진

삼대가 모였다
내 눈은 한 사람 한 사람
얼굴,
그중에도 눈에 꽂힌다

제각각 표정은 다른데
작은 웃음 띤 모습은 한결같다

눈빛은
서로 사랑한다고

눈빛은
지금까지 잘 살았다고

눈빛은
지금처럼 건강하게 살았다고

서로에게
말없이 응원을 보낸다

미국에 있는 자녀를 만나고

지나고 나면
모든 것이 추억이 된다

그리움과 눈물이 되어
내 마음을 깊이 훔쳐 간다

바로 그때
그 자리에 그 순간에
나의 영혼은 함께하지 못하지만

그 냄새와 그 향기가
마음속에 오래도록 남아
그리움의 색깔은 더욱 짙어만 간다

제3부 **삶을 이끈 당신**

아버지의 손길
삶을 이끈 당신
시작 또다시 시작
자화상
종점의 기억
종착역에 가까워지며
묘비명
도서관 게시판
내 마음
쉼표의 반란
사행시_시인대학
옛날 과자

아버지의 손길

혈혈단신
촛불 의지하여
미장 예술을 몸에 붙이고

손끝의 시멘트 마술로
직선을 긋고
곡선을 만들고
백열 등불을 밝히며
보금자리를 뚝딱 만들어냈던 아버지

구순의 몸으로
휠체어에 기대지만
그 얼굴엔 여전히
소년 같은 웃음이 떠오른다

삶을 이끈 당신

태어날 땐
모두가 기뻐하고

떠날 땐
모두가 슬퍼하는
우리네 인생

91세의 긴 세월 동안
자녀와 손자, 사위와 며느리를
모두 이끌며
가족을 위해 헌신했던 당신

위로의 예배를 드릴 때마다
가슴 깊이 흘러내리는 눈물은
아버지 따뜻한 사랑과 체온을 느끼며
감사함을 담은 것입니다

죽음 앞에서야
비로소 깨닫는 신앙
우리 모두 부활의 주님 앞에서
다시 만날 그날을 기다립니다

시작 또다시 시작

시작 그리고 끝

서툰 말과 어설픈 행동으로
벌거벗은 모양처럼
창피하고 어색하게 시작했지

사람 때문에
좌절하고
억울하고
방황하면서
조금씩 배웠지

가족이 생기고
좋은 부담이
견디게 이기게 나아가게 하였지

이제
두 눈으로
가슴으로
사람을 조금씩
이해하고 알아갈 때

또다시
서툰 말과
어설픈 행동
세상으로 맞닥뜨린다

자화상

키 작은 나
항상 1번을 했었지

부끄럼 많이 타
쌀독 뒤 숨었고
많은 사람 앞
얼굴 빨갛게 변했지

자판을 부지런히 치고
버스표를 열심히 내고
내일의 일 미리 준비했더니
얼굴 모습 밝게 변하고
목소리 힘 있게 되었지

가끔 웃기는 이야기로
다른 사람 마음 훔치기도 하며
지금까지 잘 지내왔지

항상 한 걸음씩
다음 목적지
그분께서 알려주셨지

종점의 기억

이십 대 후반의 크리스마스이브
늦은 퇴근길
버스 맨 뒤 좌석에서
내 몸은 곧바로 잠에 빠졌다

"다 내리세요"라는 말에 깨어
눈 내리는 밤거리를 걸었다

양희은의 '이루어질 수 없는 사랑'이
귓가에 흐르며
처음으로 내 인생의 종점을 느꼈다

그날 밤
나는 가장 외로웠다

지금 되돌아보니
생각조차 하기 싫은
종점의 기억이다

종착역에 가까워지며

첫 월급 십이만 원을 손에 쥐었던 직장
삼십칠 년을 같은 일터에서
나의 모든 시간을 바쳤다

지금까지 받은
월급의 횟수는 헤아릴 수 없고
만나고 헤어진 사람들의 얼굴도
손가락으로 셀 수도 없다

이제
종착역에 가까워지며
남은 시간 동안
조금 더 진심을 담아
주변을 돌보고 떠나야겠다

묘비명

하나님의 사랑으로 태어나
그의 은혜로
한 걸음씩 달려왔다

남은 것은
사랑했던 흔적들뿐

이제 하나님의 품에서
영원히 쉬고 싶다

도서관 게시판

활자들이 날아와
단어를 만들고 문장을 만들어간다

무엇을 알리려고
무엇을 요청하려고
무엇을 하라고
거기에서 시위하는가

스치듯 지나가는 사람들은
혹시나 하고 보았지만
눈길 속에 고단함만 보내고 만다

너의 수명이 길지 않고
흔적 없이 사라지지만
누군가에게는
간절한 바람이요 삶이구나

오늘도 우리에게
살아있음을 알리고 있다

내 마음

내 마음은
작고 가볍다
때로는 단단하며 매끄럽고
때로는 부서지기 쉽다

작은 상처에도 신음하지만
마음 한구석에는
한라산 백록담의 분화구 같은
깊은 흔적도 남아 있다

마음이
잘 보이지 않는 날도 있고
아예 보이지 않는 날도 있다

내 마음을
보는 눈은
내 안의 가장 높은 곳에 서서
늘 나를 지켜본다

쉼표의 반란

쉼표가
말도 없이
달나라로 떠나버렸다

그 순간
문자들은 혼란에 빠지고
다른 부호들은
어찌할 바를 몰라
서로 눈치만 보고 있었다

문자들도
쉼표를 기다리다
점점 지쳐버렸고

쉼표야,
어서 돌아오렴

모두가
너의 자리를 그리워하고 있어

사행시_시인대학

시/ 시인이
　　되고 싶은가
인/ 인간이
　　먼저 되어라
대/ 대로(大路)보다는
　　좁은 길을 택하라
학/ 학문에 갇히지 말고,
　　행함으로 보여라

옛날 과자

늦은 저녁에
아버지의 발자국 소리가 가까울수록
내 마음은 기대함으로 설렌다

손에 들린 누런 봉다리에
옛날 과자가 손짓한다

기다리고 기다렸는데
'이제야 왔어'
말을 건네 본다

아무도 알 수 없는
비밀 장소에 숨겨두고
야금야금 만났던
그 기분은
지금도 잊을 수 없구나

제4부 **멈춤의 재발견**

말하지 않아도 말한다
멈춤의 재발견
그것은 지금도 말한다
사람이 말한다
내비게이션
구름의 속삭임
놓아주는 사랑
하나 되어 가는 길
내가 아닌 주님께로
부르심에 서다
하늘에 새긴 기둥
바다의 품

말하지 않아도 말한다

눈짓으로,
손짓으로
행동과 침묵으로
사람들은 말을 한다

양심을 지키는 일조차도
그 자체로 말이 되어
우리 삶을 풍요하게 채워간다.

멈춤의 재발견

모두가 고지를 향해 달려간다
정상에 꽂힌 깃발은
운무 속에 감춰져 보이지 않는다

고통의 잔을 연거푸 마시며
스스로 괜찮다고 말하지 못한 채
넘어지고 실패하더라도
멈춤이라는 인생 교실 속에서
빛나는 보석 같은 해석을 얻는다

내 안의 안테나를 세워
스스로를 안아 주고 사랑하자

멈춤은
다시 출발할 에너지

우리 모두를 응원하는
보이지 않는 힘이다

그것은 지금도 말한다

망망대해에서
등대는
빛으로 말하고

혼잡한 사거리에서
신호등은
색깔로 말을 전한다

활주로에 선
신호수는
깃발로 말을 한다

말하지 않아도
그것들은 여전히
침묵 속에서 말없이
전하고 있다

사람이 말한다

태중의 생명은
엄마의 숨결로 말하고

아기는
보챔으로 말하며
엄마는 사랑의 모유로 대답한다

소년은
억지를 부리며 말하지만
엄마는 품어 줌으로 대답한다

사춘기에는
반항으로 말하지만
부모는 인내로 대답한다

청년은
혼돈으로 말하고
시간은 괜찮다며 위로한다

중년은
얼굴로 자신에게 말하고

노년은
숨으로 떠날 때가 왔음을 말한다

죽어서는 흔적으로 말하고
후손들은 그를 추억으로 기억한다

내비게이션

모르는 길을
찾아 떠난다

두렵고 긴장되어
가슴은 조마조마하다

운전대에 앉으면
나도 모르게
힘줄이 점점 튀어나온다

점점 목적지에
다가올수록
마음이 풀어지는 것은
바로 네가 함께했기 때문이겠다

구름의 속삭임

구름은
하늘을 떠나
땅으로 내려오네

그 안에는 빛이 스며들고
깜깜함이 숨 쉬고 있네

때로는 너의 속살이
살짝 드러나고
겹겹이 옷을 입어
감춰지기도 하네

너로 인해
그곳은 가까운 듯
또 멀게 느껴지네

놓아주는 사랑

모든 것을
내가 해줄 수 있다는
어리석은 믿음을
조용히 내려놓았다

품 안의 자녀를
바다 건너 먼 나라로 떠나보내며
마음 한구석이 쓸쓸히 떨렸다

서툴고 힘든 날들
어떤 날은 눈물로 돌아와
하소연에 목이 메지만

그 모든
기다림과 고통 속에서도
내가 채워줄 수 없던 틈새에서
스스로 자라나는
그들의 빛나는 삶이 있다

하나 되어 가는 길

서울역 대합실
하나둘 반갑게 모여
눈인사로 설렘을 나눈다

함께하기 위해
가방을 메고
꿈을 싣고 떠난 길

옆자리 동료에게
툭툭 마음을 건네며
긴장을 녹이고
정겨운 웃음이 피어난다

첫 끼니부터 감탄 속에
입속에 잔치가 열리고
따뜻한 정이 스며든다

부산 바다를 배경 삼아
손짓 몸짓 눈빛들이 춤추고
파도처럼 웃음이 번진다

같이 먹고
같이 걷고
같이 바라보며
우리 하나가 되어 간다

내가 아닌 주님께로

내가 하면
머릿속을 빙빙 돌린다

"이렇게 하면 되겠지."
스스로 다짐한다

수많은 경우의 수 속에서
"이것은 이렇게 해야 맞겠지."

확신에 찼건만
결국 쓰라림의 추억들만 남더라

내가 하면
틀림없다던 그 패기와 자신감이
때론 나를 짓누르고 힘들게 한다

이제는
내가 아닌 주님께로
사소한 것 하나까지도
연인끼리 소근소근 속삭이듯
다 올려드리고 맡기리라

주님이라면
빛나고 형통하리

부르심에 서다

누가
나를 부르지 않았는데
어느 날 홀로 서 있다

깊은 고독과 외로움을
친구 삼아
그분의 뜻을 찾기 위해
몸부림치며 걸어간다

박수 소리도
편리함도 멀리하고
투박하고 소박하지만
그분의 뜻에
절대 순종하며 살아간다

때론
넘어지고 깨지고
배신당할지라도
그분의 사랑이 있기에
다시 일어서고
또 일어서리라

하늘에 새긴 기둥

저 아래 작은 조각들이 피어올라
로마의 콜로세움 기둥처럼 우아하게 자라나고
붉은빛 은은히 스며들어 고결한 기품을 드리운다

이윽고 구름은 물결이 되어 하늘을 밀어 올리며
거대한 파도를 타는 듯 높이 솟구치고
바람은 그 위를 미끄러져 흐르는데

누가
이 장엄한 변화를 빚어낼 수 있으랴

누가
망설임 없이
이토록 신속히 세상을 물들일 수 있으랴

바다의 품

작은 파도들이
소리 없이 밀려와
모래 위에 가만히 눕는다

모래 속 어린 바위들은
파도의 손길을 부드럽게 받아들이며
조용히 숨을 쉰다

모래는 마치 엄마처럼
파도의 끝없는 방문을
넉넉한 품으로 안아주고

바위들은 둥글둥글
파도의 사랑에 닳아가며
자신의 자리를 더욱 빛나게 한다

제5부 사과 한입

지하철
셋방살이
아가 똥 골인
뻥튀기 빅뱅
배추의 여행
무의식
사과 한입
럭비공
김장
루스티아 바다와 마주하다
세찬 바람
첫눈

지하철

땅속 깊은 곳에서
빛들이 꿈틀거리며 생동한다

두 줄의 선 위를
쿨렁쿨렁 달려오는 그들
멀리서 다가오는 소리에
빛의 색깔이 속삭인다

"빨리 타라, 찰나의 기회를 잡아라."

놓친 기회라 해도 괜찮아
다시 올 기다림이 있으니

셋방살이

용달차가 부르릉거리며 도착하자
세간살이들이 하나둘 자리 잡는다

물건들은 "내 자리야, 내 자리야"
외치며 자기 자리를 찾아가고
옆방에서는 육두문자가
귀에 박히도록 달려든다

가리개 천으로 겨우 내 모습 감추며
새로운 생활에 적응해 간다

아가 똥 골인

아가 몸에서
또르르 예쁜 공 나오고

길고 긴 동굴 속
점점 속도 올려 달려와

밝은 세상
내 곁으로 골인

드디어
엄마 입꼬리
저절로 올라가네

뻥튀기 빅뱅

용문사 역 앞에서
닷새마다 서는 오일장이 열렸다

언제나 내 자리는
시장 뒤쪽 후미진 곳

오랜 세월을 견뎌낸
찌그러진 깡통 안에
쌀 옥수수 보리쌀…

우주 온도에 맞추고
고도의 열을 가하면
아무도 말릴 수 없는 빅뱅이 펼쳐지네

모든 국민에게
'뻥이요' 소리 지른 후
우주의 문이 열리면
한 알 한 알이
지구로 날아온다

배추의 여행

동이면 소도리 논에서
함께 자란 우리들은
추억 여행 떠나기 위해
경운기 열차에 몸을 실었다

커다란 앞마당에 도착해
일렬로 줄 맞추어 내려서
몸을 단장하였다

우리 몸은 두 개가 되고
소금 물놀이에 온몸을 맡기고
적시고 뒤집고 적시고 뒤집고…
어느새 굴리다 보니 몸이 지치도록 놀았다

새로운 날이 밝더니
색깔 놀이 시간이 되어
몸에 빨간색을 칠하고 칠했다

우리들은 네모 열차에
다시 차례대로 올라탔다

이제 장거리 여행 최종 목적지는
시원한 얼음집이다

무의식

날마다
보이지 않고
알 수 없다고 하지만
드러나고 말았네

오랫동안 깊고 깊은 곳에
감추어져 있어
어떤 관심조차 가지지 못했는데
그 순간 불현듯 나타나 버렸네

내가 누구인지
내 안에 무엇이 있는지
내가 무엇을 추구하는지
아, 감출 수 없네

사과 한입

사과 한입 속에는
하나님의 사랑과
농부의 정성이 담겨 있다

맑은 물과 바람을 먹으며 자란
사과는 건강함을 선물한다

사과 한입에
자연의 축복이 머문다

럭비공

어디로 튈지 몰라
조마조마한 순간들

약속은 깨지고
각자의 역할 속에서
땀만 흘리네

선수들의 헬멧은
"다시 시작하라"고
손짓하며 외친다

김장

멀리 떨어져 있던
가족이 만났다

배추 무
고춧가루 소금도 만났다

집 안에 있던
큰 그릇 작은 그릇
모두 모두 마중 나왔다

만남의 절정은
배추와 양념들이
하나 되어
한 지붕 아래서 살게 되었다

루스티아 바다와 마주하다

여수 루스티아 카페에 발을 들이면
파스타의 유럽풍 선율이
코끝을 적시며
나를 춤추게 한다

로비 한가운데 나선형 계단은
마치 마술처럼
정겨운 손짓으로
나를 이층의 꿈결로 이끈다

베란다의 벤치는
곰의 여유를 닮아
바다의 숨결과 장엄함을 품에 안겨주고

저 멀리
엄마와 아기는 손을 맞잡아
추억과 사랑을 천천히 새겨간다

여기선 모두가
멋에 물들고
바다의 속삭임에
마음을 내어주며
사랑의 품속으로 가만히 스며든다

행복이 따로 없다

세찬 바람

누가 오라고
한 것도 아닌데
어디로 갈지도 모르는
세찬 바람이 몰아친다

나뭇가지와 잎사귀들은
무리 지어 춤추며
바람의 나팔 소리에 응답하고

어떤 이들은 견디지 못해
바람에 실려
딴 세상으로 날아간다

바람이 떠난 자리에는
숨 쉬는 생명들이 움찔움찔
다시 뿌리를 다지는 힘을 얻는다

첫눈

주문하지 않았는데
하늘에서 쉴 새 없이 선물이 왔다

장독대 위에도
기와지붕 위에도
개 지붕 위에도

누가 보냈을까
한참 생각해보니

모두가 한마음으로
기다린 게 아닐까

제6부 영원으로의 초대

흘러가는 인생
갈대
하늘 얼굴
시인의 마음
나의 벗 구름
정이 스며들다
두 발자국
눈 내린 편백 나무숲에서
길거리 간판
예수 안에서 빛나는 삶
영원으로의 초대

흘러가는 인생

구름은 하늘에서
알 수 없는 지도를 그리며 흘러간다

작고 여린 실개구름도
떼를 지어 두둥실 떠다니고
언젠가는
소리 없이 사라져 버린다

끝도 없이 흐르는 구름처럼
우리네 인생도
멈추지 않고 흘러간다

갈대

흔들리는 갈대는
부러지지 않는다

바람이 요동치는
거친 소리 속에서도
갈대들은 같은 델 바라보며
춤까지 춘다
자연스럽게
몸을 맡긴다

심하게 요동치는
바람의 물결에도
거부하거나
피하지 않고
더 낮추고
더 낮아진다

땅에 닿을 듯
자신을 더 낮춘다

바람에
흔들리는 갈대는
쓰러지지 않는다

더 낮아지며
숙명인 듯 살아간다

나도 갈대처럼
더 낮아지며
쓰러지지 않고
그렇게 살아가련다

하늘 얼굴

눈동자 속으로
태양이 윙크하니
사랑이 넘쳐흘러 눈부시고

어쩌다 천둥 기침으로
모두를 깜짝 놀라게 하여줌은
천덕꾸러기 같기도 하고

시인의 마음

하늘을 보아도
들판을 보아도
드넓은 바다를 보아도
화가가 되기도 하고
오케스트라 지휘자가 되기도 한다

항상 깨어 있어서
볼 수 없는 것을 보고
느낄 수 없는 것을 느끼는 것처럼 하고
죽었던 것을 살리는 마술사처럼 생명을 불어넣네

나의 벗 구름

언제나 고개만 들면
반가이 맞아 준다

날마다 새로운 모습으로
나를 기쁘게 한다

너에게 '고맙다' 말하고 싶다
언제나 기다리고 있어서 좋다

너는 조각같이 호수같이
파도같이 두둥실 떠 있어
지친 내 마음에 잔잔함을 준다

어떤 날은 마실을 나갔는지
네 모습 보이지 않아
기다리고 기다린다

밤에는 너 대신
달님 별님 친구들과
사귐을 가지라고
너는 무대 뒤에서 잠시 쉬고 있구나

정이 스며들다

인사발령 통지서
운명처럼 만난 사이

어색한 미소
낯설고 서툰 말들
서로의 벽을 감추며
지내던 날들

그러다 문득
작은 친절 한 조각에
마음 녹아내리고
살며시 흘러가는 속마음들

미운 정 고운 정
쌓이고 쌓여
형제보다도 더 깊은 정이 된다

두 발자국

딴딴딴 두 걸음이
한 걸음 되어 출발했다

어느 날은 두 발자국이
나란히 보이다가
어느 날은 한 발자국만
길 위에 남는다

그 또 다른 발자국은
어디로 어떤 길로 갔을까

돌고 돌아
다시 두 발자국이
서로를 향해 다정히 걸어간다

눈 내린 편백 나무숲에서

서로 아무것도
모르는 듯한 나무들이
병정처럼 고요히 서 있다

나무들 사이
흰 눈이 부드러운 양탄자처럼 덮여
서로의 마음을 감싸고 푸는 듯하다

가지 끝마다
살포시 내려앉은 눈은
조용히 머물던 그들에게

대화를 시작하라
속삭이는 신호일지도 모른다

길거리 간판

매일 그 자리를 지키는 너
누구를 기다리고 있니

색 바랜 간판도, 화려한 간판도
모두 너의 친구들

큰 것, 작은 것
플라스틱, 나무, 철
모두 품에 안은 너
오늘도 묵묵히
누군가의 발걸음을 기다린다

예수 안에서 빛나는 삶

예수 그리스도를 믿으면
하나님을 만나게 되고
예수 그리스도를 영접하면
영혼의 참된 만족을 얻는다

예수 그리스도를 묵상하면
감사의 이유가 넘쳐나고
예수 그리스도를 생각하면
용납받았음을 느끼게 된다

영원으로의 초대

예수를 믿으세요
예수를 믿으세요

이 단순하고
이 미련한 말로
어찌 사람의 마음을
붙잡을 수 있으랴

타협과 설득이 아니라
주님의 말씀을 선포하며
듣든지 아니 듣든지
관계 속에서 복음을 드러낸다

복음을 전함으로
영원한 고통에서
영원한 천국으로

하나님의 사람으로
하나님의 사랑으로
새롭게 되리라

에필로그

이 시집을 세상에 내놓으며,
하나님께 먼저 깊은 감사를 드립니다.

살아오면서
흔들리고 길을 잃을 때도
주님의 손길이 저를 붙들고 계셨음을,
그리고 이 모든 과정이 그분의 계획 속에
있었음을 고백합니다.

또한,
언제나 곁에서
묵묵히 응원해 준 사랑하는 아내에게
진심 어린 감사를 전합니다.

아내의 사랑과 믿음이 있었기에
저는 흔들려도 다시 일어설 수 있었습니다.

이제 첫 번째 시집을 마무리하지만,
이것이 끝이 아니라 새로운 시작입니다.

앞으로도
더 많은 이야기를 써 내려가며,
삶의 조용한 순간들을 시로 담아가겠습니다.

이 시집을
펼쳐 주신 모든 분께 감사드립니다.

여러분의 삶에도
따뜻한 위로와 빛이 가득하길 바랍니다.

저를 아는 모든 분께
두루두루 감사드립니다.

2025년 설 명절을 지내며
시인 정 권 대

심표의 반란

초 판 인 쇄	2025년 02월 06일
초 판 발 행	2025년 02월 13일
지 은 이	정 권 대
발 행 처	다담출판기획 TEL : 02)701-0680
	서울시 영등포구 영신로30길 14, 2층
편 집 인	박 종 규
등 록 일	2021년 9월 17일
등 록 번 호	제2021-000156호
I S B N	979-11-93838-33-4 03800
가 격	14,000원

본 책은 지은이의 지적재산이므로 무단전재와 복제를 금합니다.